Reimwürdigkeiten

Gewidmet meiner Frau Helga
und meiner Tochter Angela

MIX
Papier aus verantwortungsvollen Quellen
Paper from responsible sources
FSC® C105338

FSC
www.fsc.org
®

Reimwürdigkeiten

Impressionen & Reflektionen als Gedichte

von Walter Neiß

Bibliografische Information der Deutschen Nationalbibliothek
Die Deutsche Nationalbibliothek verzeichnet diese Publikation in
der Deutschen Nationalbibliografie; detaillierte bibliografische
Daten sind im Internet über http://dnb.d-nb.de abrufbar.

Umschlagdesign, Satz, Herstellung und Verlag:
Books on Demand GmbH, Norderstedt

ISBN 978-3-8423-9851-1

Übersicht über die Kapitelinhalte

Vorgeplänkel

Das vorliegende Buch ist in Kapitel nach Themenbereichen aufgeteilt. So gibt es der Leserin/dem Leser die Möglichkeit, in die für sie/ihn interessanten Themen unmittelbar einzusteigen.

Aber nicht immer wird das allgemein zu Erwartende unter einer Überschrift anzutreffen sein. Querdenken ist also angesagt und im besten Falle auch lustbetontes Querlesen.

Das ‚Intro‘ am Beginn jedes Kapitels führt in das Thema ein und macht hoffentlich Lust auf mehr.

Ich wünsche nun beim Lesen viel Freude und Besinnlichkeit, aber auch das eine oder andere unerwartete Schmunzeln.

Ihr Walter Neiß

Kapitel I

Reise-Impressionen

Wenn irgendwo das Wort Impressionen auftaucht, denkt fast ein jeder wohl an die Eindrücke, die uns schöne Landschaften und Tagesstimmungen vermitteln. Aber auch die Fremdheit eines Landes kann uns manchmal in den Bann ziehen und uns, wenn auch nur für Augenblicke, ein kleinwenig verzaubern.

Ist dies der Stoff, aus dem die Träume sind?
Man weiß es nicht, aber es können die schönsten Gedichte aus solchen Stimmungen zwischen Tag und Traum entstehen.

Urlaubs-Mateneé

Morgens in der kleinen Citta,
bin noch nicht ganz wach,
und des Südens Sommer-Vita
regt sich nach und nach.

Häuser wirken wie Kulissen
für ein Bühnenspiel
hingemalt; nicht zu vermissen
sind auch Flair und Stil.

Morgenlicht spielt mit den Bäumen,
leise rauscht das Meer.
Fühle fast mich wie in Träumen.
Wie kam ich hierher?

Stehe staunend, kann nichts tun,
wenn all das ich seh'.
Fühle mich verzaubert nun;
Urlaubs-Mateneé!

Castiglione

Castiglione überm Meer,
grünmelierte Hügel.
Das ermuntert uns so sehr,
leiht der Seele Flügel.

Kleine Hafenstadt mit Strand,
Booten, kleinen Schiffen,
Bar del Sole, Zeitungsstand
alles inbegriffen.

Hier kann man das Leben sch'n,
wie's so geht im Süden;
nicht so glatt, Tourismus-schön,
Augen nie ermüden.

Endet dann die Urlaubszeit,
fällt der Abschied schwer.
Doch wir denken, wenn's auch weit,
wir fahr'n wieder her.

Und wir wünschen uns von fern:
Mach ein Wunder wahr,
lass uns oft noch wiederkehr'n,
bis wir achtzig Jahr.

Catalunyas Marktgeschehen

Kleidung, Schmuck und Lederwaren,
alles gibt es hier am Stand.
Leute strömen ein in Scharen,
kaufen Sachen für den Strand.

Spielzeug batteriebetrieben,
Babyhunde auf dem Arm;
Zahlen auf den Block geschrieben
geben selbst dem Feilschen Charme.

Frauenwäsche frech im Wind,
die ein jeder sehen darf;
eine Mutter singt ihr Kind
aus dem Trubel in den Schlaf.

Und auch ohne einzukaufen,
nehm' ich etwas mit zurück,
denke beim Nachhauselaufen:
Dieses Leben, welch ein Glück!

Helvetia

Urlaubsfahrt durchs Berner Land,
das so Vielen wohlbekannt.
Erst nach Neuchatel am See,
grüne Hügel noch im Blick,
dann in Richtung Bern zurück,
Berge fern, bedeckt mit Schnee.

Märchenhafte Schweizer Welt,
wer hat dich so aufgestellt –
Stadt, Land, Fluss mit Berg vereint?
Dieses Landbild anzuseh'n,
das war wie ein Wunder schön,
schön, dass ich vor Glück geweint.

Kapitel II

Unterwegs

Ist man auf Reisen und nicht gerade mit dem Autofahren beschäftigt, kann man den Blick und manchmal auch die Gedanken schweifen lassen. Besonders eignet sich für derartige Aus- und Abschweifungen die Fortbewegung mittels Bahn oder Flugzeug.

Aus Beobachtungen und ‚Inspirationen' entstehen dann mitunter Gedichte.

Airport-Impressionen

München, Airport Josef Strauß,
Warten im Zentralbereich.
Jeder strömt für sich nach Haus',
manche gleicher, viele gleich.

Bruno Jonas auf der Scheibe,
seine Stimme hört man nicht;
Maischberger rückt ihm zu Leibe,
doch man sieht nur ihr Gesicht.

Bayrisch sprechende Japaner
mit den Kindern flugparat;
so ein Busy-Börsianer
läuft beim Selbstgespräch-Diktat.

Fast könnt' man den Flug vergessen,
laufbandschnell zum Schaltersaal,
Schlange stehen angemessen,
Check In fast schon nonverbal.

Nun noch einige Kontrollen
und ein Stündchen Wartezeit,
danach steh'n wir an und rollen
dort, wo man zum Start bereit.

Brückenfunktion

Jeder kennt wohl diese Brücken,
die verwaist im Lande steh'n;
und der Brücken Anschlusslücken
lassen die Gedanken dreh'n:

Sag mir, wem dient diese Brücke,
und wer kommt woher, wohin?
Oder kam man nicht zum Stücke,
und was ist der höh're Sinn?

Soll mich alles gar nicht jucken;
man kann gut hinunterspucken!

Fernweh

Bahnfahrt zwischen Ulm und Stuttgart
durch das Märklin-Wunderland,
Landschaft links und rechts der Zugfahrt
wirkt vertraut und altbekannt.

Die Gedanken, die mich leiten,
geh'n zurück zur Kinderzeit,
als die Wünsche sich befreiten;
denn die Welt schien groß und weit.

Ja, es war da dieses Sehnen
nach der Ferne und noch mehr.
Heut' will ich nur noch erwähnen,
dass ich gern zu Hause wär'.

Kapitel III

Mode-Wörter

Ob sie wirklich immer wissen, was sie da täglich von sich geben – unsere Führungspersönlichkeiten und deren politisch korrekte Nachplapperer?

Wissen sie um die Bedeutung der Wörter und können sie die Begrifflichkeiten richtig einordnen, wenn sie von Synergien, von Klassen oder vom Paradigmenwechsel reden – und dies immer wieder in unterschiedlichen Kontexten?

Hier nun Deutungsversuche solcher Begrifflichkeiten aus – zugegebenermaßen – subjektiver, künstlerisch-kämpferischer Sicht.

Synergie

Die Synergie, weiß jedes Kind,
heißt: 1+1=3.
Nur ist der Dritte meist geschwind
von Arbeitssorgen frei.

Der Effektivitätsgewinn
rafft gleich die Arbeitsplätze hin;
denn merke auf: Das Kapital
kennt nur Gewinne, nicht Moral.

Und dort, wo die Moral abhanden,
wird oft das Ganze falsch verstanden.
Durch Synergie, wer's recht versteht,
schafft Quali- anstatt Quantität.

Klassenkrampf

Unter-, Mittel-, Oberklasse?
Wohin wohl mein Auto passe?
A-, B-, C-, Golf- oder S-
Klasse; reinster Ladenstress.

Ja, die Wirtschaft braucht die Klassen,
Klassen, die einander hassen,
dass Identifikation
keinem den Geldbeutel schon'.

Doch ich kann Klassen nicht ertragen,
kauf' mir einen Kastenwagen.

Drum!

Wenn jeder nur für sich verbliebe,
so gäbe es auf dieser Welt
kein Pärchen und kein Kind der Liebe
und doppelt zahlte man viel Geld.

Warum zwei Menschen sich vermählen,
das wusste man so recht noch nie.
Doch heute weiß man: Ja, sie wählen
sich zwecks ersehnter Synergie.

Paradigmenwechsel

Auf meinem Weg zur Insel Texel
sah ich bei Arnheim, dort am Zoo,
das Warnschild ‚Paradigmenwechsel‘
und dachte: „Sieh da!" und „So, so!"

Und dann entschied ich anzuhalten,
blieb rechts, dort auf der Standspur, steh'n;
denn niemand, auch die schon sehr alten,
hat Paradigmen je geseh'n.

Erst als ich wieder angefahren,
dann linke Spur mit voller Kraft,
sah ich es springen, jung an Jahren,
fromm, fröhlich, frei und sagenhaft.

Kapitel IV

Philosophische Denk-Bar

Und hat man einmal ganz viel Zeit, dann denkt man mitunter über ‚Gott und die Welt' nach. Kommen dabei ungewöhnliche Ansichten vom Sein und Werden zustande, dann, so meine ich, lohnt es sich, diese niederzuschreiben, auch wenn einiges davon auf den ersten Blick etwas skurril erscheinen mag.

Kann man dann noch diese Gedanken in Gedicht-Form bringen, wird wohl meist alles besser auf den Punkt gebracht. In der Kürze liegt die Würze. – Und jede Leserin/jeder Leser wird angeregt, eigene Vorstellungen zu den Themen zu entwickeln.

In diesem Sinne: – Viel Spaß und schöne Gedanken mit den folgenden Gedichten!

Die Fossilie

Ein Schweizer Emmentaler Käse
fiel, ohne dass er schon verwese,
ganz unvermittelt in ein Loch.
Dort zugeschüttet, liegt er noch.

Wenn nun dereinst nach Jahr-Millionen
die Menschen, die ums Loch dann wohnen,
durch Zufall diese Stelle finden,
wird man das Phänomen ergründen.

Doch, da der Käse längst verschwunden,
wird rätseln man, was dort gefunden.
Es wird schier gar nichts sein und doch:
Man findet ein versteinert' Loch!

Drum die Moral für alle Zeit:

Nichts bleibt für alle Ewigkeit.

Ursprünglich

Warum Menschen Menschen werden,
folgen nicht dem Trieb der Herden,
hat mir niemand recht erklärt.

Gab es irgendwo ein Zeichen,
ihre Herzen zu erweichen?
Eine Antwort bleibt verwehrt.

Wenn sie dann den Berg erklimmen
und bewusst stromaufwärts schwimmen,
dann erkennt man irgendwann,

dass man erst auf diese Weise
diese Quelle, plätschernd leise,
nur dort oben finden kann.

Unergründlich

Ich sitze da und denke:
Woher entspringt der Hass?
Wie ich mein Hirn auch renke
es kommt mir nichts zu Pass.

Ist es der Neid auf einen,
der etwas besser kann?
Auch wenn dies viele meinen,
zieht's mich nicht in den Bann.

Es kann der Mensch nur lieben,
wenn er sich selber liebt.
So steht es oft geschrieben,
wenn Lebensrat man gibt.

Und auch die Frust-Belegten
treibt es zur Aggression,
sagen die Aufgeregten
und glauben es auch schon.

Nie werd' ich es erraten,
warum der Hass uns treibt
zu ungewollten Taten.
Wünsch' nur: Die Liebe bleibt.

Zu schnell

Wir glauben, dass wir schneller sind
als je, ohne zu ruh'n;
und dabei merkt doch jedes Kind,
dass alle nur so tun.

Des Huhnes Kopf verharrt beim Geh'n,
weil sein Gehirn zu klein.
Ach Mensch, bleib auch mal öfter steh'n
und lass die Welt herein.

Demut

Denk' ich beherzt, dann fällt's mir ein,
was wichtig ist: bescheiden sein.
Bescheiden sein, ganz ohne List,
weil uns das Glück dann nicht vergisst.
Das Glück vergisst nicht den, der liebt
und unsrer Welt ihr Leid vergibt.
Das Leid vergibt nur, wer entdeckt,
dass nichts vollkommen und perfekt.
Perfekt will auch ich gar nicht sein.
Denk' ich beherzt, dann fällt's mir ein.

Kapitel V

Engelsberichte

Auch wenn wir – ganz sicher – wissen, dass es keine Engel gibt, wünscht sich von Zeit zu Zeit wohl jeder einmal einen solchen Himmelsboten, und sei es nur als Schutzengel.

Nun ist es aber so, dass viele Menschen, ohne es zu wollen, im Laufe ihres Lebens für andere zum Schutzengel werden.

Aber dabei wollen wir es dann auch belassen, zumindest für die nächsten einhundert Jahre. Wir wünschen uns dann lieber den ‚Himmel auf Erden‘.

Der Hausschutzengel

Ein kleiner Engel kam ins Haus,
mit Sternenflügeln, Bäckchen paus,
mit Strubbelhaaren, frohem Blick,
zwar rundlich aber nicht zu dick.

Er hat das schöne Haus bewacht
durch Beten und mit viel Bedacht.
„Dies ist mein Beitrag, mehr nicht, weil –
was ihr draus macht ist euer Teil",

sprach er, „und es wird alles gut,
doch ihr braucht jede Menge Mut!
So seid bereit euch drein zu geben,
dann wird das Haus noch viel erleben."

Schutzgemeinschaft

Ein Engel, das weiß jedermann,
ist Einer, der ihn schützen kann,
so Einer, der stets zu ihm steht,
egal woher der Wind auch weht.

Doch auch der Engel, das ist klar,
ist hin und wieder in Gefahr.
Und ist ein Engel erst in Not,
so wendet sich das Hilfsgebot.

Dann gib auf deinen Schützer Acht,
so wie er oft auch dich bewacht,
so dass der Engel dir sodann,
wenn's wieder Not tut, helfen kann.

Der Verzicht

Sie war ein Engel wunderschön
mit jenen Zauberaugen,
in die die Männer gerne seh'n,
weil sie zur Liebe taugen.

„Ich komme weit von droben her",
so hörte er sie sagen,
„und habe nicht von ungefähr
dir Gutes anzutragen.

So sage ich als Engel dir,
auch du sollst einer werden."
Er aber bat: „Ach, schenke mir
den Himmel hier auf Erden."

Competition

Mit dem Fahrrad warst du immer schneller über die
Ampeln,
beim Strampeln.

Auch wollten wir uns oft den Schneid
abkaufen,
beim Laufen.

Im Schwimmen haben wir uns ganz
vergessen,
zu messen.

Ach, eines Tages werden wir anstatt
zu Bengeln,
zu Engeln.

Wer weiß, ob wir uns dann
beim Fliegen
einkriegen?

Kapitel VI

Über die Liebe

Beobachtungen, aber auch eigene Erlebnisse lassen uns über die Liebe sinnieren, und wenn wir auch herausfinden, dass wir damit frohe Erinnerungen verbinden, so können wir sie doch nicht bewusst herbeiführen und – wenn man es genau nimmt – nicht einmal verhindern.

Die Liebe, sie siegt zum Glück oder Pech!

Can't hurry love

Ein Kommen und Gehen,
einander verstehen.
Ein Geben und Nehmen,
ein Stark-Sein und Schämen.

Ein Scheuen und Zieren,
gewinnen, verlieren.
Einander erkennen,
vor Sehnsucht verbrennen.

Sich necken, verführen
und Wunder verspüren.
Die Liebe entdecken
und nichts mehr verstecken.

Dann Funken und Blitzen,
dass Herzen erhitzen.
Ein Locken und Kosen,
ein Stürmen und Tosen.

Da gibt es kein Halten.
Wenn Liebesgewalten
einander begegnen,
wird Er es wohl segnen.

Das Geständnis

Du fragst so oft: Sag, liebst du mich?
Willst immer wieder hören:
Gibt es denn Dinge welche dich
an meinem Wesen stören?

Ich sage dir: Hör zu mein Schatz,
ich will es dir erklären;
doch sagt's sich nicht in einem Satz,
was an dir zu verehren.

Ich liebe dich, so wie du bist;
ich liebe deine Launen.
Ich liebe es, wie du mich küsst,
muss immer wieder staunen.

Ich liebe dich, wenn du mich liebst;
ich lieb' dich, wenn du bös' bist.
Ich liebe alles, was du gibst,
auch wenn du mal nervös bist.

Ich liebe jedes Pfund an dir
und auch manch kleine Delle
und – ohne, dass es dich genier' –
auch die geheime Stelle.

Ich liebe dich mit Haut und Haar,
mit Haken und mit Ösen,
denn es ist wirklich wunderbar,
das Mieder dir zu lösen.

Heimat

Heimat ist, wo ich im Grase
lag mit dir, mein schönes Kind,
dort am Wald bei Fuchs und Hase,
j.w.d. im Sommerwind.

Und die Sonne wärmte milde
die gebräunte Sommerhaut;
selbst die unverhoffte wilde
Leidenschaft schien uns vertraut.

Dann beglückt, wie wir so lagen,
habe ich dich angeseh'n;
denke noch in diesen Tagen:
Heimat, ach wie bist du schön!

Ihr schönster Tanz

Sie tanzten einen Sommer lang,
wie Salsa war's am Rhein.
Sie war sehr groß und voller Dank
und er war braun und klein.

Und nur der Vollmond konnte seh'n,
wohin die Liebe fällt;
doch weiß auch er nicht, was gescheh'n
und ob der Sommer hält.

Besiegt

Am Strand beäugt,
und schon macht es klick.
Verstand betäubt
vom Heißaugenblick.

Schon immer gekannt,
so geht dieses Spiel.
Die Seelen verwandt,
von dir will ich viel.

Und denkst du, ihr kriegt
mich nie, frei und frech,
die Liebe, die siegt
zum Glück oder Pech.

Kapitel VII

Fabelhaft

Hier nun möchte ich einige ‚Tiergeschichten' vorstellen. Anregungen dazu erhielt ich aus eigenen Beobachtungen, aus Redewendungen oder aus Gesprächen. Im Falle des Moorhuhns kam die Inspiration aus meinem Beschützer-Instinkt, als allenthalben an den Computern auf dieses wehrlose Tier geschossen wurde.

Aber mehr will ich hier noch nicht verraten; denn die gereimten Fabeln sprechen für sich.

Der Hahnentritt

Fast jeder weiß: Des Hahnes Ritt,
nicht mit dem Ziel, sich auszuruh'n,
bezeichnet sich als Hahnentritt,
und dabei trägt den Hahn das Huhn.

Doch trägt das Huhn den Hahn zu oft,
mehr als zum Arterhalt von Nöten,
dann scheut das Huhn sich unverhofft,
nimmt sich ein Korn und schweigt betreten.

Das Gift der Eberesche

Es wollt' der Eber an der Esche
der schönen Bache an die Wäsche.

Seitdem, obwohl der Grund kaum triftig,
schaut sie ihn an so seltsam giftig.

Große Sprünge

Flugversuch, das Treibwerk brennt
überm fünften Kontinent,
und das Flugobjekt es küsste
bald schon dort Australiens Wüste;
denn es flog nicht allzu lang',
mehr so wie ein Bumerang.

Auch ein kleines Känguru
sah dem Treiben skeptisch zu,
und mir war, als ob es lachte,
als es große Sprünge machte.

Euphorie

Tonmenschenschiessen ist als Sport
olympisch bei den Tauben.
Des Täuberiches Gold-Rekord
ist hoch und kaum zu glauben.

Und nach der Feier wünschte er,
ein Schuss würd' ihm erlaubt
auf Chinas Terracotta-Heer.
Was meint Ihr, wie das staubt!

Des Moorhuhns Rache

Das Moorhuhn wirkt sehr oft verdrießlich,
and this is why: Es ist erschießlich.
Drum spielt's zum Selbsterhaltungszweck
den Jonny Walker Heart Attack,
und rührt von Kindern bis zu Greisen
mit Liedern von den Moorhuhnwaisen.

Empathie

Es stand nur da und blökte: „Bääh",
das Schaf der Sonnenkraftanlage;
dann fraß es Gras und grünen Klee
und stellte sich dabei die Frage,
ob wohl die Sonnenkollektoren
im Winter ohne Wolle froren
und ließ dazu, zum Wohlgefallen,
davor braun-grüne Kugeln fallen.

Kapitel VIII

Kunstgenuss

Warum ist etwas Kunst, sei es ein Bild, eine Skulptur, ein Gedicht oder eine Melodie? Und wie und warum zieht sie uns in ihren Bann?

Wenn man es restlos klären könnte, wäre man sicher bald in der Lage, Programme zu entwickeln, die ohne menschliches Zutun Kunst erzeugen.

Im Folgenden nun drei Erklärungsversuche, die wohl der Sache ein wenig auf den Grund gehen, aber immer noch Luft lassen – für das Geheimnis: „Was ist und woher kommt die Kunst?"

Die Quelle

Er hörte seinen Nachwuchs fragen,
sag, woher kommen die Gedichte?
Werden vom Himmel sie getragen
oder erzählt sie die Geschichte?

Sind sie wie Märchen einst entstanden,
entstammen nur der Phantasie?
Waren sie immer schon vorhanden,
doch fand man sie bisher noch nie?

Gib acht, ich will es dir erklären:
Ich glaub', es gibt sie der geschwind,
den wir als lieben Gott verehren,
und dem wir dafür dankbar sind.

Sie kommen wohl bei Tag und Nacht
zu dem, der sie erträumen darf
und der sich gern Gedanken macht;
den Seinen gibt's der Herr im Schlaf.

Sie stammen aus dem wahren Leben,
– wie soll ich's sagen dir, mein Kind –
dort wo Gefühle sich erheben
zum Stoff aus dem die Reime sind.

Liedgut

Die schönsten aller Lieder
verführ'n zum Glücklichsein,
und hörst du eines wieder,
dann lasse dich drauf ein.

Die Freude kommt mit Tränen,
und man weiß nicht wohin
mit diesem tiefen Sehnen
nach aller Menschheit Sinn.

Und wenn wir dies erfahren,
dann geht der Himmel auf,
um's Paradies zu wahren
in unsres Lebens Lauf.

Wir wollen Wunder glauben,
auch wenn wir nicht versteh'n
und lassen uns nicht rauben,
was mit dem Herz wir seh'n.

Kunstgriff

Künste fordern Emotionen
von den Menschen, die sie seh'n
oder hören, und belohnen
alle, die sie nicht versteh'n

oder es geschehen lassen,
dass das Kunstwerk sie verführt,
dorthin, wo sich das Befassen
mit des Werkes Sinn verliert,

dorthin, wo ein jeder denken,
fühlen, selbst empfinden kann,
wo er sich vom Herzen lenken
lässt, berührt und angetan.

Kapitel IX

SIE und ER

Wenn es um die Beziehung zwischen Frau und Mann geht, wird es mitunter gleich etwas frivol. Ja, so ist das eben. Es tut sich die komplexe Welt der Sexualität auf, so unüberschaubar und doch manchmal ganz simpel – einfach genial!

Aber wer vertritt in diesem Spiel welche Interessen und wer und wo sind die Experten? Und was passiert, wenn dabei definierte Mehrheiten anzutreffen sind, wie in unserem Falle die Plurale-Tanten?

Gehen wir also auf diese Forschungsreise.

Viel Vergnügen!

Plurale-Tanten

Es sprach die leichtgeschürzte Ande:
Es geht zu Wasser und zu Lande.

Doch kam die flotte Cordilliere
der Ande dabei in die Quere.

Auch lockte sogleich die Azore:
Komm her, wir machen's mit Amore.

Es flunkerte die Balleare:
Die ander'n kommen in die Jahre.

Und dann und wann lud die Sporade
ihn immer wieder mal zum Bade.

Mach mir den Hengst, so wie die Pferde,
forderte dann noch die Kapverde.

Und topless sang ihm die Kanare:
Es ist bei mir allein das Wahre.

Darauf erbot sich die Seychelle:
Komm mit, wir machen's auf die Schnelle.

Doch gleich erhob sich die Merite:
Er hat verdient, was ich ihm biete.

Die Maledive sprach: Es gibt
sonst keine, die wie ich noch liebt.

Und schließlich warb die Dardanelle:
bei mir klappt es auf alle Fälle.

Es pöbelte drauf die Molukke,
dass sie das alles gar nicht jucke.

Zustimmend meinte die Karpate:
Auch ich hab' eine dicke Schwarte.

Da streckte sich die Pyrenäe,
dass man im rechten Licht sie sehe.

Die Alpe sagte noch, gestatten,
und stellte alle in den Schatten.

Der Freier sprach: „Verzeiht, noch wart' ich
denn ihr seid doch nicht einzigartig."

Dann ging er schließlich so wie alle
Genießer in die Venusfalle.

Rotlicht

Unter Rotlicht, da gedeihen
kleine Ferkel, wachsen schnell.
Keine Schweinerei bereuen
sie, wenn dieses Licht zur Stell'.

Und will Mann sich manchmal freuen,
zieht's ihn auch zum roten Licht,
gibt's kein Zieren dann und Scheuen,
wenn ihn mal der Hafer sticht.

Gefunkt

Tanz-Mariechen und Major
tanzten auf der Sitzung vor.
Und zur Bühnentanz-Belebung
hielt er sie bei einer Hebung
stützend hoch am Hinterteil.
Dabei traf ihn Amors Pfeil.

Nun soll bloß noch einer sagen,
Liebe geht nur durch den Magen.

(Scheint mir ehr das Gegenteil!)

Expertise

Ihr Frauensleute wisst doch immer,
wer wo, mit wem zusammen passt.
Auch wenn sie schrill und er ein Schlimmer,
wär' die Entscheidung keine Last.

Ja selbst bei Partnern, die sich gleichen,
und kennt ihr sie nur aus der Fern',
wie all die Schönen und die Reichen,
heißt's: Gleich und gleich gesellt sich gern.

Doch erst das Wunder bei den Socken
hat uns vor euch Respekt gelehrt,
wisst ihr doch immer, wenn sie trocken,
welcher zu welchem dann gehört.

So lernten wir aus der Erfahrung,
die fast ein jeder Mann gemacht:
Ihr seid Experten für die Paarung
und das am Tage und bei Nacht.

Kapitel X

Phantasia

Eigene Erlebnisse oder spezielle Nachrichten scheinen es mitunter wert, sich einen Reim darauf zu machen.

Aber es kann sich auch um skurrile Gedanken handeln, und man weiß gar nicht mehr so genau, woher die Inspiration dazu kam.

Sei es ein Reise-Erlebnis, eine Fernseh-Sendung oder einfach der Versuch, ein Wort einmal in einem ungewöhnlichen Zusammenhang zu verwenden, alles kann – auf den Punkt gebracht – als Reim-Vorlage dienen.

Es lebe die Phantasie!

Ein guter Wurf

Es war ein Würfel auf der Warft
noch in der Liebe unbedarft.
Doch warf ihm seine Würfelin
auf einmal Siebenlinge hin.
Die ganze Welt war dann perplex;
beim Würfel kannte sie nur Sechs.

Die Vorstellung

Wenn so ein Bär, wie Ikarus
einst, fliegen könnt',
so wär's ihm auch von Daedalus,
glaub' ich, vergönnt.

Doch bräuchte einen Namen er,
und zwar nach Brehm.
Drum nennen wir ihn Flederbär,
wie angenehm!

Die Debütantin

Sie wusste im Prinzip schon wie;
doch war es heute ihr Debüt.

Obwohl zum ersten Mal verliebt,
schien sie durchaus nicht ungeübt
und aß ihm stilecht aus der Hand
im Doppel-Whopper-Wunderland.

Vorsorge

Es tat sich ein Mann aus Wildflecken
prophylaktisch mit Pillen eindecken.
Jetzt hat er im Nu
für sich Tamiflu.
Wer's nicht hat, der soll doch verrecken!

Maritim

Die Marie konnt' vom Meer nicht lassen,
Salz auf der Haut, entstieg sie ihm.

Doch hat ihr Lover sie verlassen;
sie war ihm wohl zu maritim.

Gleichnis

Sie wirkte heiß wie ein Vulkan
in seiner Glut und Pracht;
ihr nahend, spie sie fast mich an.
Oh, welche Niedertracht!

Kapitel XI

Fernseh-Kost

Einmal abgesehen von den Kochsendungen, wird uns in den Fernsehprogrammen manche Zumutung präsentiert. Natürlich kann man sich fragen, warum man sich von Zeit zu Zeit auch die ausgefallensten Formate überhaupt anschaut, und sogar noch die Werbung?

Nun klar, es unterhält; und wenn es zu unerträglich wird, kann man ja immer noch alles verarbeiten, indem man sich meinungsbildend in Gedichtformen übt. – So wie hier!

Heiße Luft

Die Monroe auf dem Lüftungsschacht,
auf dass der Rock sich heben muss.
So mancher Mann in jener Nacht,
glaub' ich, wär' gern ein Luftikus.

Undercover

Ein Pickel das Gesicht verziert,
der junge Mensch sich dann geniert.
Drum oft genug verwehrt den Blick
ein Auftrag mit dem Cover Stick.

Doch lebt der Pickel undercover
noch ein, zwei Jahre und another!

Das Rezept

Schon lange steht das kleine Ziesel,
ganz vorne und ganz obenan,
im Kochbuch der Familie Wiesel ...
Man nehme, ... dann folgt: und sodann ...

Ihr ahnt es oder ahnt es nicht,
doch das Gericht ist ein Gedicht.

Infiziert

Wortgewalt im Schlagwortstil
– Börse, Wetter, Religion –
kurz und knapp, nur nicht zu viel;
ausgeübt von manchem schon.

Bis gewagt von jedem Wicht,
braucht kein langes Warten.
Mir scheint selbst mein Mahngedicht
schon zu kurz geraten.

Zeitraffer

Immer greller, immer schneller,
Szenenwechsel, Bilderflut.
In der Seele wird's nicht heller,
aus dem Herz das letzte Blut.

Nur Klamauk und Sensationen,
dass zum Denken keine Zeit,
unbegrenzt Ideen klonen,
sinnfrei. Unverbindlichkeit!

Kunstgefühle inszenieren,
Lust geschmacklos, mediengeil;
Schwachsinn geistlos variieren,
alles für den Quoten-Teil.

Nur nicht wahre Emotionen,
echte Kreativität;
scheint so, dass man den Millionen
Intellekt nicht zugesteht.

Keiner macht's aus Überzeugung
aber alle machen mit
bei der Sinn- und Wertebeugung,
dummgeblödelt, Schritt für Schritt.

Keiner will mehr außen stehen,
denn die Masse, die hat Recht.
Doch die Zeit wird's überstehen,
hingerafft, was fad und schlecht.

Ja, ich glaube, die Geschichte
trennt von diesem Schund sich bald,
Bleiben werden Wert-Gedichte;
denn Bestand hat nur Gehalt.

Gewichtig!

In eine Talk Show kam der Jochen,
drei Zentner schwer, heut' angekrochen.
Man fragte ihn dort als Experten:
Wie kann man's Essen gut verwerten.

Es kam ihm über seine Lippen:
Was dir zu hart, das musst du stippen,
was dir zu fett, das musst du braten,
den Schweinespeck auch gern mit Schwarten.
Was dir zu sauer, musst du süßen,
was dir zu trocken, übergießen.
Nudeln zu lang, die musst du kürzen,
den Haferbrei, den musst du würzen;
und bist du satt, musst du vergessen,
dass kurz zuvor du noch gegessen.

Umschiffst du alle diese Klippen,
dann gibt es bald was auf die Rippen.

Kapitel XII

Traumhaft

Meistens sind es wohl Träume, aus denen die besonderen Stimmungen geboren werden, in denen wir uns manchmal ungeplant wieder finden. So der Zustand zwischen Tag und Traum, wie er uns ereilt, wenn wir noch nicht ganz wach sind, oder wenn wir ganz einfach nur unseren Tagträumen nachhängen.

Dabei entstehen die schönsten Phantasiebilder.

Fernsichten

Sah als Kind ich Wolken zieh'n,
dacht ich ungefähr:
„Sie zieh'n in die Ferne hin,
kamen von weit her.

Und die Ferne möchte ich
eines Tages seh'n;
denn das Fremde wär' für mich
unbekannt, doch schön."

Seh' ich heute Wolken zieh'n,
ist die Herkunft klar
und ich weiß, wenn sie entflieh'n,
dass ich dort schon war.

Sehnen wie zur Kinderzeit
fällt mir heute schwer,
aber manchmal möcht' ich weit
fort und wieder her.

Geistige Nahrung

Sie hing gern den Träumen nach,
lauschte der Musik,
träumte selbst noch, wenn sie wach,
mit entrücktem Blick.

Keiner weiß, wo sie dann war
und was sie geträumt;
hinterher wirkte sie gar
frisch und aufgeräumt.

Fühlte sich die Seele wohl,
tat's ihr Körper auch
und sie merkte dann, wie hohl
eigentlich ihr Bauch.

Was sie auf dem Tische fand,
aß sie mit Genuss.
Es weiß nicht nur der Verstand,
wann man essen muss.

Mind Cinema

Mal lieg' ich gern, hab meine Ruh'
und will mich selbst besinnen.
Dann mache ich die Augen zu,
betrachte mich von innen.

Was ich dann seh', ist gar nicht fad'
und auch nichts für Naive,
für Realisten viel zu schad':
Film für Kontemplative.

Für Tagesträumer, Künstler-Leut'
wär' es das pralle Leben,
und brächte ich's auf Zelluloid,
ich würd' den Film dir geben.

Lustschlösser

Schlösser, die im Monde liegen,
castles in the sand,
Luftschlösser, um hinzufliegen,
Alltag abgetrennt.

Nutzlos, wird so mancher sagen,
der den Traum nicht kennt,
den man träumt an Sommertagen,
wenn die Sonne brennt.

Doch solch' Phantasiegebäude
entspringt reinster Lebensfreude.

Traumverstand

Sommertags im grünen Gras
auf dem Rücken liegen.
Die Gedanken, ohne Maß,
gehen heute fliehen,
hoch zum blauen Himmelszelt,
wo die Wölkchen ziehen,
denen die entrückte Welt
nun Gestalt verliehen.

Was ich seh', ist wie im Traum
und es kehrt nie wieder:
Luftgestalten, die sich trau'n
auf die Erde nieder.

Und ich schau den Wolken nach,
lass die Zeit vergehen.
Nun kann ich den Almanach
dieses Jahrs verstehen.

Kapitel XIII

Im Garten

Übers Jahr gibt es Vieles optisch zu erhaschen, im Garten; und die tierischen Besucher nutzen regelrecht die Bühne zwischen Sträuchern, Strandkorb und Terrasse für ihre Auftritte und Vorführungen.

Vergleiche mit menschlichen Verhaltensweisen verbieten sich eigentlich von selbst, aber irgendwie sucht unser Geist doch nach einer Verbindung, speziell dann, wenn immer wieder allzu menschliches im Tierleben geschieht.

Hier einige Beobachtungen in der Tierwelt!

Befreit

Am Dach, am Rand, nach einem Kampf,
dort hat er sich verfangen,

mit einem Fuße eingeklemmt,
hat flatternd er gehangen.

Nun hielt ich ihn, den Täuberich,
dass er sich nicht verletzt;

sein weites Auge sah mich an,
voll Angst und ganz entsetzt.

Mit Technik und mit viel Bedacht
hab' ich ihn dann befreit.

Er dankte mit der Freiheit Flug
und hat mein Herz erfreut.

Im Garten-Lokal

So, als hätt' er angegeben,
„Mädels, kommt, ich lad' euch ein",
kann man diesen Hahn erleben.
Es stolziert zum Garten rein:

Der Fasan mit den zwei Hennen,
wie er es wohl öfter macht;
und sie speisen, wie sie's kennen,
à la Carte, von ihm bewacht.

Glaub' gefallen hat es allen;
vor dem Rückzug auf ihr Feld
lassen alle etwas fallen,
so, als wär's Fasanengeld.

Liebeslied

Die Taube ging zum Täuberich,
sie turtelte und duckte sich
dann vor ihm hin, auf dass er sprang.
Das End' vom Lied war nicht so lang.

Ansichtssache

(oder eine Sache der Perspektive)

Die Rehe seh'n wir oft nur aus der Ferne
und daher mögen wir sie gerne,
weil sie so scheu und so grazil.

Doch sind dann mal dieselben Rehe
so plötzlich ganz in unsrer Nähe,
wirken robust sie und stabil.

Die Taubenhochzeit

Sie sitzen beide Seit' an Seit'
und turteln, wie es scheint.
Es ist wohl ihre Innigkeit,
die sie am End' vereint.

Und auch danach, da bleiben sie
noch lange, diese Zwei,
als ob sie sich nun fragen, wie
soll's heißen, unser Ei?

Appetizer

Das Spinnennetz, wie schön es blinkt
im späten Sonnenlicht.
Ob ihr heut' noch ein Fang gelingt,
das weiß man leider nicht.

Mag sein, dass sie noch ein Insekt,
das ohne Vorsicht fliegt,
so eines, wie's der Spinne schmeckt,
in ihre Fänge kriegt.

Ich aber warte nicht mehr lang,
denn es ist Abendzeit.
Vom Haus hör ich vertrauten Klang:
„Das Essen steht bereit!"

Kapitel XIV

Menschenskinder

Oft erst nach Jahren kommen sie uns wieder in den Sinn, die Bilder aus der Kinderzeit. Man war doch viel zu beschäftigt mit den Herausforderungen, die das Leben zu bieten hatte, mit der eigenen Karriere oder auch mit manch traurigen Zeiten.

Aber aus der Kindheit kommt doch die eigentliche Kraft, für alles, was wir dann später als Erwachsene bewältigen müssen; und wenn sich nun das eine oder andere Erlebnis wieder in Erinnerung ruft, schwärmen viele gern von dieser behüteten Zeit und das Herz geht uns auf. Und wenn wir Glück haben, konnten wir uns etwas von dieser Unbekümmertheit bewahren.

Hier nun ein paar ‚Impressionen' aus der eigenen Kinderzeit, aber auch etwas vom Nachwuchs ist dabei.

Frohnatur

Kannst du dich heut' noch grundlos freu'n
wie in der Kinder Welt?
Kannst du dein Lachen dir verzeih'n,
wenn einer Reden hält?

Dann hüte diesen Wesenszug,
dein sonniges Gemüt!
Die Welt ist oft schon ernst genug
und lacht doch gerne mit.

Grete Schenk

Wenn ich an meine Kindheit denk',
dann denk' ich oft an Grete Schenk.
In seliger Erinnerung
gelingt mir dann der Zeitensprung.

Grad' Sonntag ist es wieder mal,
und raus geht es nach Kokkedal.
Ich sitze wieder dort im Klee.
Ob ich wohl heut' ein Vierblatt seh'?

Die Großen trinken Bier und Wein,
wir Kinder dürfen Kinder sein.
Es gibt Sinalco, Kuchen, Eis,
und der Kakao ist schrecklich heiß.

Ja, Papa, Mama, Bruder, ich,
wir amüsier'n uns königlich
in Grete Schenkes Gartenwelt,
und alles gibt's für wenig Geld.

Bevor das Licht der Sonne aus,
auch wenn es schwer fällt, geht's nach Haus.
Der Papa hakt die Mama ein,
was beiden hilft nach Bier und Wein.
Und für uns Kinder wird es Zeit;
nicht hin, zurück ist's doch so weit.

Qualle freut

Es hat die Tochter mit drei Jahren
am Strand die Quallen nicht gescheut,
und streichelnd konnte sie erfahren,
mit viel Gefühl, dass ‚Qualle freut‘.

So ist es auch im ganzen Leben,
dass mit verschenkter Zärtlichkeit,
die wir einander gerne geben,
sich jeder nicht nur selber freut.

Und daher wird man nicht bereuen,
wenn froh man Freude weitergibt,
anstatt nur immer *sich* zu freuen.
So freuet alle, die ihr liebt.

Three of a kind

Mein erster Freund mit Knopf im Ohr,
das war ein Hündchen, recht zum Lieben.
Denk' ich zurück, dann kommt's mir vor,
ich hätt' ihm ein Gedicht geschrieben.

Als dann die Liebe wurd' geboren,
zur Frau, ich ließ mich gern drauf ein,
da ging der kleine Freund verloren
auf meinem Weg, ein Mann zu sein.

Und heute bringen uns das Glück
zwei kleine, runde Kuschelbären,
die immer mehr wir, Stück für Stück,
von Herzen lieben und verehren.

Ich wünschte sehr, sie träfen nun
den kleinen Freund aus Kindertagen.
Ich glaub', da gibt es kein Vertun;
sie würden sich bestimmt vertragen.

Überzeugung

Als kleiner Bub mit fünf, sechs Jahren
bin gern ich Karussell gefahren
und ließ es so für mich geschehen,
dass alle um mich rum sich drehen.

Wir mussten in der Schule lernen
alles von Sonne, Mond und Sternen,
der Erde und den Mitplaneten,
konnten das Weltbild runterbeten.

Ans Karussell dacht' ich dann noch:
Die Erde, ja sie dreht sich doch!

Kapitel XV

Psycho-Logik

Das Vordergründige und das Hintergründige, das Sein und das Scheinen, das Seelische aber auch unsere Körperlichkeit, all dies scheint psychologisch eine Rolle zu spielen.

Hier nun einige Ansätze zum weiteren Erkenntnisgewinn, über uns selbst aber auch über andere.

Ob diese Suche von Erfolg gekrönt sein wird und sich uns die wahren Motive für zwischenmenschliches Verhalten offenbaren, sei dahingestellt.

So ist es nun einmal (wie) im richtigen Leben.

Erkennungsdienst

Badespaß in Nazzaro,
die Sonne scheint uns beide froh.
Ruhe in der Mittagsstund',
die entspannt und hält gesund.

Laut ertönt der Glocken Schlag
plötzlich in der Mitte Tag!
Selbst das Blässhuhn taucht verstört,
als es diese Schläge hört.

Dann, als ob's nie laut gewesen,
strahlt die Ruhe zum Genesen,
und wir lauschen wie gebannt,
als die Stille wir erkannt.

Anteilnahme

Heut' klagte seine Frau erneut:
„Hör Schatz, ich war beim Doktor heut'."
Dabei schien sie darauf zu warten,
dass er sie fragt: „Wie steh'n die Karten?"
Doch da der Arztbesuch Routine,
fragt er mit scheinbesorgter Miene
– fürwahr, die Frage ist intim:
„Nun ja, sag an, wie geht es ihm?"

Mitgefühl

Wenn's uns mitunter schlecht mal geht,
dann stimmt der Jammer ein:
Warum wohl keiner zu uns steht,
im Kummer stark zu sein.

Doch sehen wir der ander'n Glück,
das auch uns Freude schenkt,
dann kommt ein Stück vom Glück zurück,
oft schneller als man denkt.

Offensichtlich

Sie sprachen viel von alten Zeiten,
als alles noch so jung und leicht;
und keiner konnte recht bestreiten,
man habe doch sehr viel erreicht.

Man nahm sich gegenseitig wahr
und las das Alter vom Gesicht,
auch sah man das ergraute Haar,
nur in die Herzen sah man nicht.

Gedankenübertragung

Sofort, als ihm ein Wind entfloh'n,
hört er von ihr den gleichen Ton.
Sogleich befragt er sie daher,
ob es wohl eine Antwort wär'.

Sie aber wehrt sich drauf empört,
sie hätte keinen Ton gehört.
Drum konsequent schloss er direkt
auf den Telepathie-Effekt.

Herzenskunde

Drehorgellieder klingen
als Ständchen vorgebracht;
Erinnerungen bringen
dir Tränen leis' und sacht.

Nun schäm' dich nicht der Tränen;
sie geben uns nur kund:
Ja, du gehörst zu denen,
die noch im Herz gesund.

Antizipationen

Konnt' ich mich einst nicht bücken,
weil mich in meinem Rücken
mal wieder Schmerzen plagen,
dann wurd' mir angetragen,
mich damit zu befassen,
es vorn' zu unterlassen.

Heut' bin ich schon gescheiter
und brauch' daher nicht weiter
dem schönsten Wunsch im Leben
in Praxi nachzugeben;
kann schon durch's Darandenken
die Plage auf mich lenken.

Wenn ich dann alt geworden
uns es weht kalt vom Norden,
auf dass mich plagt der Rücken,
dann denk' ich mit Entzücken
an das, was über Nacht
die Schmerzen einst gebracht.

Die lustigen Witwen

Es sprach 'ne Witwe zu der ander'n:
– sie fuhren grad zum Schützenfest –
„Am ersten Mai, da will ich wandern,
wenn uns das Wetter wandern lässt."

„Noch gab's nicht Regen", sagte Inge,
„doch war ich auf dem Friedhof heut',
dass ich zum Mai ihm Blumen bringe
und habe meinen gut betreut."

Dann klang's, als ob sie es genossen:
„Ich habe deinen mitgegossen."

Entwischt

Bei Nachbars hängt der Segen schief;
der Mann ist abgehauen.
Es schreien: „Ihh, wie primitiv!"
die Spießer und Genauen.

Denn, man kam bisher drum herum
in den gewissen Kreisen;
doch hielt die heile Welt, wie dumm,
aus Mangel an Beweisen.

Inklination

Alle Jahre wieder,
davor gibt's kein Drücken,
streckt es mich doch nieder:
Hexenschuss im Rücken.

Wenn mich Schmerzen knechten
und ich kann nur hinken,
beugt es mich zur Rechten,
niemals nach der Linken,

was uns mal wieder zeigt:
Ich bin dir zugeneigt.

Naturgewalten

Erst ließ sie ihre Spitzen blitzen,
doch bald zog ein Gewitter auf.
Mit Türenknallen wie in Witzen
nahm dann das Schicksal seinen Lauf.

Er dachte sich: „So war das eben
schon immer bei Naturgewalten,
im kleinen wie im großen Leben,
dass sie erst blitzten und dann knallten."

Zu dumm

Weiß nicht sogleich, was richtig ist;
die Welt ist kompliziert,
dass man für das, was wichtig ist,
den ganzen Blick verliert.

Doch mancher Mann und manche Frau
– sei's Sport, sei's Politik –
weiß scheinbar alles gleich genau
und spart nicht mit Kritik.

Sie wissen, wer was falsch gemacht,
und kreiden alles an
und nennen, ehe man's gedacht,
wie man's verbessern kann.

Als sei die Welt ein Kinderspiel,
so geh'n sie damit um.
Mich aber plagen Zweifel viel,
bin für dies Spiel zu dumm.

Doch um in Ehrfurcht zu erstarr'n
vor andrer Selbstbetrug,
dazu bin ich wohl zu erfahr'n
und auch nicht dumm genug.

Kapitel XVI

Bären-Dienst

Bereits im Kapitel XIV *Menschenskinder* wird wohl meine ursophile Gesinnung deutlich. Schließlich wuchsen viele in meiner Generation schon im Kleinkindalter mit Teddybären als ‚Bezugspersonen' auf. Man konnte ihnen sein Leid klagen, aber wir haben auch immer darauf Acht gegeben, dass es dem Bären an nichts fehlte.

Wenn man nun diese Einstellung in das Erwachsenenleben hinübergerettet hat, kann das Kind in uns auf diese Weise von Zeit zu Zeit wieder geweckt werden.

Und so ein Talisbär auf Reisen ist doch auch etwas Individuelles.

Bärendienst

Bärchen sind so wunderbar
für die kleine Welt,
weil ihr Anblick, rein und klar,
frohen Sinn erhellt.

Manchmal ruh'n sie schmunzelnd mild
auf dem Sofa nur,
geben uns ein Spiegelbild
menschlicher Natur.

Bärchen wollen oder können
nur mit Phantasie;
und dann wollen sie uns gönnen
Kindheits-Harmonie.

Doch es kennen auch die Bärchen
die reale Welt,
die durch Bärchen, wie im Märchen
ethisch Sinn erhält.

Entbärlich

Hast du mal wieder richtig Brass
und haderst mit dem Leben,
dann will ich dir, nur so zum Spaß,
zwei Wonne-Bärchen geben.

Das Herz geht auf, dein Schmerz wird klein,
der Ärger ist verflogen,
und dieses Totunglücklichsein
wirkt irgendwie gelogen.

Schade

(bei den Berner Bären)

Ist es auch schön, das Wappentier,
mich dauern doch die Bären,
die sicherlich, genau wie wir,
auch gern in Freiheit wären.

Auch wenn es ein Verbrechen wär',
ich tät' sie gern befreien,
und strafte man dafür mich schwer,
ich würd' es nicht bereuen.

Doch leider ist doch so ein Bär
für die Befreiung viel zu schwer.

Ein-Satz-Bär

Denn so ein Bär
ist ungefähr
das, was man will,
wenn alles still
und weihnachtlich
ist, und man sich
am Feuer wärmt
und davon schwärmt:
Wie schön war doch,
man weiß es noch,
die Kinderzeit,
als tief verschneit
das ganze Land,
und damals fand,
ihr glaubt es kaum,
ich unterm Baum
so ungefähr
solch einen Bär.

Kapitel XVII

Quergedacht

Zu diesem Thema gehören Ansätze, die sich damit befassen, dass sich auch sehr abstrakte oder mathematische Zusammenhänge im täglichen Leben auswirken können.

Aber auch andere Fachgebiete lassen sich gern einmal aus ungewohnter Sicht betrachten.

Wir nähern uns der Sache nun teils empirisch, teils iterativ.

Wie im richtigen Leben!

Relativitätstheorie

Nie wusste ich, was „weit" bedeutet;
die Welt scheint uns doch schon so klein.
Doch heute hat in mir geläutet
die Sehnsucht: „Ich will bei dir sein".

Kann ich dich nicht sofort erreichen
in diesem Spiel aus Raum und Zeit,
die sich als Dimensionen gleichen,
dann scheint's mir relativ zu weit.

Beinah!

Sie iterierten vor sich hin
und kamen nicht zum Schluss,
und immer noch mal eins im Sinn;
so kam's, wie's kommen muss:

Denn man beendete das Spiel,
wenn auch mit Seelenqual,
obwohl die Strecke bis zum Ziel
infinitesimal.

Die Verneigung

Wer das Weltall hat erschaffen,
hatte einen großen Plan.
Grad auch der Planet der Affen
hatte es ihm angetan.

Ja, er ließ die Erde kreisen
und sich dreh'n für Tag und Nacht.
Erst'res sollte gut sich weisen,
wenn man Jahreszeiten macht.

Denn die Welt tat sich verneigen,
um dann so im Jahreslauf
variabel sich zu zeigen;
und die Sonne scheint darauf

mal von unten, mal von oben
– Winter oder Sommerzeit,
Herbst und Frühling – und wir loben
diesen Wechsel erdenweit.

Unverschämt

So eine Fahrt ums Schwäb'sche Meer,
so haben wir uns das gedacht,
am Ufer lang ist nicht so schwer,
als wir uns auf den Weg gemacht.

Ja, überrascht waren wir schon,
nicht weitab dort vom Bodensee,
von dieser dritten Dimension
der Stadt Sankt Gallen in der Höh'.

Ein jeder weiß, die schöne Schweiz
zeigt durch die Bergwelt ihren Reiz;
doch dass sie's am Entreé schon macht,
das hätt' ich nicht von *ihr* gedacht.

Kleine Nachtmusik

Es war nach diesem Hochgenuss
je einer Erbsensuppe,
die schmeckte, wie sie schmecken muss
als Eintopf in der Truppe.

Am Abend dann im Ehebett
ergab sich, Ton um Ton,
zwar ungeziehmlich aber nett,
geblähte Diskussion.

Entfuhr ein Urklang meiner Frau,
mehr fragend, fast schon scheu,
fand ich die Antwort haargenau,
als Argument noch neu.

Würde der Dialog bekannt,
es täte keiner wagen,
hier zu behaupten mit Verstand,
man hätt' sich nichts zu sagen.

Und wie im wahren Leben, auch
beim Tonspiel-Abendsport,
hatte mein Schatz so aus dem Bauch
wieder das letzte Wort.

Unglaublich

Mein Wecker hat verschlafen;
er kam zu mir ins Bett.
Bei den gezählten Schafen
lag es sich weich und nett.

Und er vergaß die Stunden,
verträumte alle Zeit.
Als uns der Tag gefunden,
da war die Nacht schon weit.

Weil ich zu spät gewesen,
hab' dreist ich mir erlaubt,
dem Chef dies vorzulesen.
Er hat mir's nicht geglaubt.

Sinsurium
(Impressionen vom Technik-Museum Sinsheim)

Vornan die brand-old Cadillacs
mit Peter Kraus und Marilyn,
dann Panzer und die Army-Trucks,
auch russisch, kalter Krieg verzieh'n!

Es folgt noch zweites Kriegsgeschehen:
Blitzmädchen, Stuka, Wüstenheer,
Traktoren, wie man sie gesehen
als Kinder, kraftvoll, schön und schwer.

Und mittendrin die Orgel tönt
für'n Euro loch-mechanisch:
Glückliche Reise, und verschönt
das Zeitbild lyromanisch.

Die Bildungslücke
(zur Tour de France)

Paris – drum rum nur grüne Felder,
das zeigte uns die Tour de France,
und große dichtbelaubte Wälder
noch in der Wochenend-Distanz.

Ach, hätte ich in frühen Tagen
ein Mademoisell'chen dort geliebt;
dann bräuchte ich heut' nicht zu fragen,
ob's dort wohl auch Ameisen gibt.

Inspiration
(In Dijon)

Wir wollten diese Stadt ergehen
und sah'n auf den Touristenplan.
Wir hatten vieles schon gesehen,
Da sprach uns ein Madämchen an,

und sie beantwortete uns Fragen
– sie ihr zu stellen fehlte Mut –;
sie konnt' uns nicht viel Neues sagen,
doch geb' ich zu: Sie roch sehr gut.

Kapitel XVIII

Gott und die Welt

Unter dieser Rubrik wird's gemischt, und das liegt in der Natur der Sache beziehungsweise der Schöpfung, deren Teil wir sind.

Hinterfragt man einige der üblichen Selbstverständlichkeiten, wird es auch bei diesem Thema einmal nachdenklich aber auch immer wieder ein wenig zum Schmunzeln ...,

wenn wir uns selbst nicht zu wichtig nehmen!

Das Abendmahl

Pastor lädt zum Abendmahle,
doch schon morgens um halb zehn.
Gela merkt um neun Uhr zwanzig:
Jetzt wird's Zeit, um aufzusteh'n.

Also hurtig in die Kleider.
dass man den Termin noch schafft.
„Jetzt wird's knapp", meint Papa, „leider ...
doch in der Ruhe liegt die Kraft."

Nun ist's so: Beim Abendmahle
werden Sünden dargestellt.
Gela denkt, vielleicht war's sündig,
wenn man keinen Wecker stellt.

Die Vergebung aller Sünden
findet mit Oblaten statt,
Auch wenn außer Weckerstellen
man noch größ're Sünden hat.

Also merkt man, es ist praktisch,
war die letzte Sünde klein;
denkt an diese, aber faktisch
ist man auch von großen rein.

Rat fürs Leben

Kaum ist die Osterzeit entfloh'n,
schon naht die Konfirmation.

Dem Konfirmanden sagt man dann:
Jetzt bist du schon ein richt'ger Mann
und meint damit – dass er nicht irrt – ,
dass nun ein Mann aus ihm bald wird.

Nun wissen weder Mann noch Frau,
was richtig ist so ganz genau,
und dennoch gibt man Rat fürs Leben,
ein jeder aus Erfahrung eben.

Drum sag' ich Dir, gestärkter Christ:
Hör höflich zu; bleib, wer Du bist!

Paradiesisch

„Ich möchte gern im Mondschein baden,
so wie mich Gott geschaffen hat",
sprach sie: „Es wird bestimmt nicht schaden,
auch ohne jeglich' Feigenblatt."

Dann tu es nur, muss man ihr raten,
zu lindern die Gewissensnot.
Denn siehe: Selbst in Edens Garten
wurde der Mond nicht einmal rot.

Naturgegeben

Der Mensch kann laufen oder schwimmen,
so wie ihn Gott geschaffen hat.
Am FKK sieht man ihn trimmen,
auch gänzlich ohne Feigenblatt.

Nun stell dir vor, er könnte fliegen,
– und wär' er auch recht klein und zierlich –
würd' hüllenlos die Luft besiegen,
es wirkte dennoch unnatürlich.

Schützenfest

Schützenfest in Wilhelmshütte,
Heimat-Schützengilde pur.
Orden gab's nach alter Sitte
vom Kaplan als Frohnatur.

Dschungeltanz und Fahnenschwenker,
Sekt und Bier und kühlen Wein,
durch die Schlagerwelt ein Schlenker:
Tina Turner, Herzilein,

Heino und die Junggesellen,
Tombola mit Preiseflut.
Sollte ich ein Urteil fällen,
lobte ich: Das Fest war gut.

Doch am besten hat gefallen:
Als die Ehrung war getan,
tönte laut ein Ruf von allen:
Dreifach Gut Schuss dem Kaplan!

Ethik

Der Mensch an sich ist weder gut,
noch ist er wirklich böse;
fast immer, wenn er Gutes tut,
macht er es mit Getöse.

Auch wenn er einmal Böses tut,
so weiß er einen Grund,
warum das Böse diesmal gut
und für die Welt gesund.

Doch ewig lockt die Himmelsmacht,
denn jeder will sich lieben.
So fühlt sich frei von Schuldverdacht,
der, der nicht bös' geblieben.

Erkenntnis

Die Spatzen treffen sich im Garten;
du hast dort Brot für sie gestreut
und brauchst nicht lang' auf sie zu warten.
Sie fühlen sich wohl gut betreut.

Es gibt kein Streiten und kein Jagen;
ein jeder findet seinen Part,
denn in des Sommers Reifetagen
ist's Vogelleben niemals hart.

Sie merken nicht, dass hinter Scheiben
nun einer steht und schaut hinaus,
wie sie sich alles einverleiben,
was für sie da, vor deinem Haus.

Voll Güte und mit Freud' am Leben
siehst du den Spatzen dabei zu.
Drum glaub mir, es wird Einen geben,
der auf dich schaut, genau wie du.

Kapitel XIX

Einschlafhilfen

Kannst du immer richtig schlafen?

Diese Frage wird wohl niemand uneingeschränkt bejahen können. Aber die Methoden zum (Wieder)-Einschlafen werden doch sehr unterschiedlich sein.

Für Kinder singt man Schlaflieder, und Erwachsene versuchen es manchmal mit dem Schäfchenzählen.

Hier nun drei Einschlaf-Gedichte!

Wenn man sich in die Thematiken mitnehmen lässt, kann es funktionieren – das Einschlafen.

P.S.: Das mit den Körnern vor der Nacht sollte man dabei aber nicht zu wörtlich nehmen!

Schlaflos

Kannst du immer richtig schlafen,
und was siehst du nachts im Traum?
Schenkst du den gezählten Schafen
deinen Kindergartenbaum?

Einen Baum, so recht zum Lieben,
weil er dich umarmen kann,
in Erinnerung geblieben,
denkst an ihn so dann und wann.

Auch die traumbeschützten Schafe
singen nun „mein Freund der Baum".
Dazu spielt der Wind die Harfe,
ganz, ganz leis'; man hört es kaum.

Gottvertrauen

Was wohl die Elefanten denken,
dann, wenn es Nacht und dunkel wird?
Wem sie wohl ihr Vertrauen schenken,
wenn sie kein Licht mehr weiterführt?

Sie stehen da und werden still,
sanft von der Dunkelheit bewacht,
weil es der liebe Gott so will,
bis an das Ende jeder Nacht.

Traumwild

Wo schläft denn die Fasanenhenne?
Sie hockt dort oben hoch im Baum,
zur Sicherheit. Wie ich sie kenne,
wiegt sie der Wind dort in den Traum.

Sie träumt von milden Sommertagen
mit einem schönen Hahn und macht
sich nichts aus diesen lütjen Lagen,
doch nimmt sie Körner vor der Nacht.

Kapitel XX

Weihnachtsgaben

Über die Weihnachtszeit ist schon so viel geschrieben und gedichtet worden und dennoch gibt es immer wieder andere Ansichten und Augenblicke sowie auch besondere Gedanken zu diesem Thema.

Erlebtes und Denkwürdiges.

Weihnachtsaugenblick

Weihnachtszeit, den Blick zurück:
Was ist so gescheh'n?
Brachte uns das Jahr auch Glück,
wird's so weitergeh'n?

Blick voraus zum neuen Ziel,
Pläne schon gemacht.
Schenkt uns bald das Leben viel,
wie wir es gedacht?

Weihnachtszeit, den Blick gesenkt,
schau'n in uns hinein.
Sollte, wenn man's so bedenkt,
öfter Weihnacht sein?

Blick hinauf zum Himmelszelt,
sternenstiller Glanz.
Feierliche Lichterwelt;
die erfüllt uns ganz.

Weihnachts-Welt

Es ist soviel geschehen
an Unglück in der Welt.
Ein jeder konnt' es sehen,
auch wenn's uns nicht gefällt.

Ja kannst du denn nicht spüren,
welch' Unheil dort geschieht?
Nein du, du lässt dich rühren
von einem Weihnachtslied.

Ich will mich nicht betrügen,
doch will ich fröhlich sein
und kann die frommen Lügen
dem Herzen heut' verzeih'n.

Denn grad' die frohen Stunden,
wenn wir beisammen sind,
lassen uns nun gesunden
und fühlen wie ein Kind.

Heilig' Abend

Es ist Heilig' Morgen;
erst vom Fest geträumt,
dann den Schnee geräumt,
schnell noch was besorgen.

Spätes Frühstück-Essen,
Ofen rein gemacht
und dann nachgedacht,
ob nicht was vergessen.

Stollen zum Verwöhnen –
Nachbarin steht vorn,
Klingel eingefror'n;
muss ich schnell noch föhnen.

Bayrisch Fernseh'n schauen,
immer schon gemocht;
dann schnell vorgekocht.
Licht-Zeit zum Erbauen.

Nun noch die Bescherung,
dass sich jeder freut;
und wir singen heut
Lieder der Verehrung.

Ofen an und speisen
– ob's auch allen schmeckt? –
und dann neu entdeckt:
Schönste Weihnachtsweisen.

Nun die Christbaumkerzen
angemacht am Baum,
und ein Kindertraum
steigt in uns're Herzen.

Kapitel XXI

Beim Zahnarzt

Ja, auch beim Zahnarzt lässt sich reimen, um sich abzulenken oder um sich ein wenig die Wartezeit zu versüßen, ohne dabei die Zähne noch vor der Behandlung zu schädigen.

Manchmal lässt man aber auch erst nach dem Zahnarztbesuch seiner Begeisterung freien Lauf.

Hat etwas Euphorisches!

Begeistert

Beim Zahnarzt war ich immerfort
so manche Sitzungsstunde,
und seit ich nunmehr zehnmal dort,
trag' ich nur Gold im Munde.

Jetzt bin ich auch bei meiner Frau
rasant im Wert gestiegen.
Ich schlag' das Rad fast wie ein Pfau ...
und lasse Einen fliegen.

Nachwehen

Das Zahnweh, als ein Störenfried,
geht auf den Geist und aufs Gemüt.

Der Zahnarzt sagt, ich möchte wetten,
der Zahn ist leider nicht zu retten,
und zieht beherzt den Übeltäter.
Die Spritze wirkt noch, aber später
lässt es sich wirklich nicht vermeiden,
dass wir auch hinterher noch leiden.

Was nicht mehr da, bricht uns das Herz.
Ich glaub', das nennt man Abschiedsschmerz.

Zahn der Zeit

Ich will Zähne nur vom Besten,
was die Astronauten testen,
die nicht rosten und versauern
und die Zeiten überdauern.

Es soll heut' schon Zähne geben,
die mich selber überleben
und die noch nach hundert Jahren
dieses Strahlend-Weiß bewahren.

Doch das beste Material,
ob aus Gold, Titan und Stahl,
ist doch für den Zahn der Zeit
nur al dente. – Tut mir leid.

Kapitel XXII

Nur mit Dir

Dieser Abschnitt ist meiner Frau gewidmet und enthält vieles, was ich mit ihr zusammen bereits erleben durfte oder – was ich mir vielleicht immer wieder vorstellen könnte.

Überraschung!

Happy Endings

Wacht meine Frau auf, g'rade just
dann spürt sie Schokoladenlust.

Allmählich kommt mir der Verdacht,
dass dies ein süßer Traum gemacht.

Denn, mit Genuss und einem Schmatz
nascht sie den Happy-End-Ersatz.

Unvergleichlich

Ein kluger Mann hat mal gesagt,
der sehr berühmt und reich:
Die Eifersucht, das ist die Angst,
die Angst vor dem Vergleich.

Doch, bin ich nicht erreichbar,
raubt es dir nicht die Ruh';
denn Du bist unvergleichbar ...
nothing compares to you!!!

Frühlingserwachen

Im Frühling, wenn die Sonne mild
und seidenweich die Luft,
seh' ich ein neues Weltenbild
und spür' der Erde Duft.

Auch Wurm und Käfer zeigen an:
Der Winter ist vorbei,
dass sich das Leben regen kann,
voll Tatendrang und frei.

Und ich versink' im Augenblick
wie in der Kinderzeit.
Willst du erleben dieses Glück,
komm mit und sei bereit,

bereit für alles, was Natur
und was uns Freude schenkt,
für das, was alle Kreatur
und uns im Herzen lenkt.

Anonym

Im Schlafraum, und oft ist das so,
verwehrt den Einblick ein Rollo,
in unserm Falle ein Plisseé,
dass man uns nicht im Ganzen seh'.

Die Frau zieht in des Morgens Lauf
den Sichtschutz erst von unten auf.
Ein int'ressiertes Vis-à-Vis
hätte wohl Sicht nicht nur zum Knie.

„Der Nachbar weiß nichts", sagt sie, „weil…
sein Blick fällt nur aufs Unterteil,
und was im Fensterbild intim,
bliebe gesichtslos, anonym!"

Kundschafter

Im Garten treffen sich zwei Falter;
einer heißt Helga, einer Walter.
Sie fliegen ins Lavendelbeet,
weil es nun bald nach Frankreich geht.
Dort flattern sie mit Elegance
wie Papillon in der Provence.

Kapitel XXIII

Wunderbar unerwartet

Gerade das, was unvermutet auftritt, kommt uns manchmal so unerklärlich und damit fast wie ein Wunder vor. Aber genau dies macht den Reiz des Lebens aus, und wir haben keinen wirklichen Einfluss darauf.

Hier einige Beispiele für Unvermutetes und – wo immer möglich – Erklärungsversuche aus gänzlich subjektiver Sicht.

Es bleibt nun jedem überlassen, sich auch seinen eigenen Reim darauf zu machen.

Zukunft ungewiss

Autobahn mit freier Fahrt,
Gegenrichtung Stau.
Nicht nur eure Gegenwart
kennen wir genau.

Können in die Zukunft seh'n,
die kurz vor euch liegt;
bald wird's nicht mehr weitergeh'n,
von dem Stau besiegt.

Aber auch die Vis-à-Vis
schmunzeln wissend mild.
Sieh, man weiß im Leben nie,
wem die Zukunft gilt.

Die Pedale

Ich wollt' dem Fahrrad neu mal eben
Pedalen geben.
Im Keller ging's an die Pedale,
dort am Regale.

Man glaubt, ist kraftvoll man und helle,
geht's auf die Schnelle.
Die erste drehte sich noch munter
ganz leicht herunter.

Die zweite schien sich Müh' zu geben,
zu widerstreben.
Dreht man sie links, nein, rechts herum?
Wie schrecklich dumm!

Weder im Guten noch im Bösen
wollt' sie sich lösen.
So wurden es mit Müh und Plage
so fast zwei Tage.

Es wurde nur durch Schraubstock-Kraft
schließlich geschafft.
Da löste sich dann die Pedale
mit einem Male.

Ich würd', meint meine Frau am Morgen
sie gleich entsorgen.
Doch bring ich das nicht übers Herz
vor Abschiedsschmerz.

Man sieht Pedalen als Trophäe
in meiner Nähe,
und fragt man mich, würd' ich für jeden
darüber reden.

Globale Impressionen

Hohne, das hieß immer ländlich,
Straßendorf mit Bauern-Charme,
Schützenfeste selbstverständlich,
Menschen laut, im Herzen warm.

Dann zur EXPO; dass sich's lohne,
wurd' uns Unterkunft gestellt.
Seitdem sehe ich nun Hohne
als den Nabel dieser Welt.

Nahrungskette

Geht abends man am See zu Tisch,
speist man bevorzugt seinen Fisch.

Die Enten schnappten unser Brot,
der Fisch fraß dann der Enten Kot.

Und so sind wir bestimmt, ich wette,
am Ende dieser Nahrungskette.

Doch auch der Hai, fern in Australien,
lebt indirekt von Cerealien.

Unerforschbar

In Bayern dort am Königssee
wollt' ich das Echo loten;
doch will man nicht, dass man es seh',
der Zugang ist verboten.

Und selbst, wenn man es finden könnt',
man soll niemals es stören,
weil's keinem dann sein Wunder gönnt'
und wär' nicht mehr zu hören.

So ist es auch im Leben oft:
Man darf die Wunder glauben
und sich nicht, forschend, unverhofft
der Illusion berauben.

Waidmanns Heil

Oft ließ er seine Frau allein
und wollte gern ein Waidmann sein.

Einst auf der Pirsch sah er schon bald
ein stolzes Tier im grünen Wald.

Der Jäger wollt' den Brauch nicht brechen,
den Hirschen richtig anzusprechen.

Er schmeichelte dem Gabeltier:
„Sie sind der Schönstgehörnte hier.

Drum will vom Schicksal diesem bösen
ich durch den Blattschuss Sie erlösen."

Das Tier, das leidlich schien entsetzt,
wandte sich ab ganz unverletzt.

Da senkte sich der Jagdschießprügel;
denn unser Jäger sah den Spiegel.

Ein jeder denkt nun seinen Teil,
und mancher ruft gar: „Waidmanns Heil!"

Erlaufen

Ihr fragt, warum die Menschen laufen –
das kostet doch viel Energie –;
um sich die Jugend zu erkaufen,
zumindest in der Phantasie?

Tun sie's um ander'n zu beweisen,
zu können, was nicht jeder kann?
Ja, woll'n sie nur zu Fuß verreisen,
mal immer wieder, dann und wann?

Wenn sie erst ihren Tritt gefunden,
den jeder für sich finden muss,
dann merken sie, wie sie gesunden,
für Leib und Seele ein Genuss.

Und nach dem Laufen hört man Lieder,
freiweg gepfiffen, voller Lust.
Sie sagen sich, ich könnt' schon wieder,
und stehen da mit breiter Brust.

Mein Hase

„Seht her, das ist unser Hase
Walter", stellte sie mich vor.
Ich war froh in dieser Phase,
dass sie mich dazu erkor.

Und das Rennen schien gelaufen;
denn man hatte sich gedacht,
diesen Hasen zu verkaufen,
wenn er nicht mehr Tempo macht.

Doch ein pflichtbewusster Hase,
für den gibt es kein zu viel;
und so lief er mit der Nase
vorne noch bis in das Ziel.

Daher war er für die Meute
diesmal keine leichte Beute!

Inseltraum
(Mallorca im Frühling)

Leuchtendgrün und Blütenbäume,
rosa Mandelmarzipan.
Niemand weiß, wie süß ich träume,
wenn ich von dir angetan.

Inselzauber führt Regie,
dass mich alles hier entzückt;
Formentor-Anatomie
hat mich sanft der Welt entrückt.

Tramuntana-Oberwelt,
wie in Stein gehau'n die Zeit;
nah, ganz nah am Himmelszelt,
Augenblick der Ewigkeit.

Fremde Sitten
(in Albufeira an der Algarve)

Anscheinend war es Shrimp-Salat,
serviert in einem Glase,
darauf das Schälchen eingehängt
wie Blumen in der Vase.

Und in dem Glase schwappte nun,
zwar rot doch transparent,
ein Wässerchen, wohlweislich doch,
vom Shrimp-Salat getrennt.

Drum rum, so mancher dachte wohl,
ob er es wohl entdecke,
was wohl das rote Fluid sei
und auch zu welchem Zwecke.

Wär' ich der Krabbenspeiser hier,
ich säh' mich aufrecht um
und setzte einen Kontrapunkt
am End' vorm Publikum.

Ich schüttete das Wasser dann
nach dem Verzehr sofort
mir übern Kopf und setzte so
den wahren Schlussakkord.

Und käme einer auf mich zu
mit einer Klärung Bitte,
dann sagt ich, das sei nun mal
in Portugal so Sitte.

Kapitel XXIV

Inselwelt am Fehmarn Belt

Und nun will ich ein Geheimnis lüften. Ja, wir wohnen seit über fünf Jahren auf der Insel Fehmarn, jener Insel, die im Winter 2009/2010 für Schlagzeilen gesorgt hat, wegen der starken Schneeverwehungen.

Als wir im Jahr 2005 nach Burg auf Fehmarn zogen, hatten wir, und besonders meine Frau, leichte Umstellungsschwierigkeiten – vom Rhein an den Belt, von der Großstadtregion ins Ländliche und die große Entfernung zur Tochter, die im Köln-Bonner Raum geblieben ist.

Heute können wir sagen, dass wir uns so allmählich umgewöhnt haben und dass nun auch die ersten Bekanntschaften entstanden sind, in der Nachbarschaft, über das Deutsche Rote Kreuz oder auch in unserer Plattdüütsch Runn. Unsere Integration ist also auf gutem Wege. Aber, die Leute mögen uns verzeihen, wenn wir nicht jeden sofort namentlich begrüßen können; es sind für uns doch sehr viele neue Namen.

Hier nun die Gedichte, mit denen ich mir einen Reim darauf gemacht habe, auf die Insel und auf unsere Eingewöhnung.

Ein Naturereignis

Sie wähnt sich hier am Arsch der Welt
und scheint so gar nicht froh,
wobei für ihn die Schönheit zählt,
von dem Natur-Popo.

Denn davon hatte er geträumt,
von Alptraum keine Spur.
Der Geist wird frei und aufgeräumt
am Busen der Natur.

Und – bald auch öffnet sich ihr Herz
für stille Harmonie;
vergessen ist der Weltenschmerz
durch göttliche Regie.

Früh-Sommer

Gelber Raps wie Sonnenschein
zwischen grünen Wiesen,
blau das Meer, und es wird kein
Mensch mehr hier mit diesen
Farben Wehmut spüren,
die zum Glück verführen.

Sommer lockt im Frühling schon
hinaus zu den Stränden,
und der Vögel Jubelton
will einfach nicht enden;
Kreaturen schweben
nun ins Liebesleben.

Wind im Haar, Natur im Sinn,
Geister unbefangen,
danach zieht's uns alle hin,
und mit Herzverlangen
wollen wir genießen,
wenn die Triebe sprießen.

Sinneswandel

Heut' war ich auf dem Rock-Concert,
ganz Open Air am Strand.
Es dröhnte ‚Irish' und vermehrt,
was mir von jung bekannt.

Ich wurde froh und sommerwach
und fühlte mich so frei,
und alles lebte in mir nach,
als es schon lang vorbei.

„Das alte Spinnrad" spielte man,
als ich zur Stadt kam hin.
Die alte Weise gab mir dann
einen ganz neuen Sinn.

Verzaubert

Es ist ein besond'res Licht,
dieses Licht beim ersten Schnee;
und noch glaube ich es nicht,
bis ich aus dem Fenster seh'.

Denn es hat heut' über Nacht
eine Wunderwelt geschneit;
und das Land zeigt seine Pracht
nun im Flockenfederkleid.

Dieses Zauberlichtes Strahl,
der auch unser Herz erhellt,
so, als wär's das erste Mal,
scheint uns nicht von dieser Welt.

Unerhört

Im Supermarkt am Bande
saß die Kassiererin.
Ich hielt ihr Holz zum Brande
zwecks Preisablesens hin.

Sie sah noch ein Paketchen
mit Schokoküsschen liegen;
da ließ das Kassenmädchen
ein Luftiküsschen fliegen.

Und sollte einer fragen,
ob sich denn das gehört,
so würde ich ihm sagen,
dass dies mich gar nicht stört.

Denn ohne viel Bedenken
kann man in jungem Leben
auch gern mal Küsschen schenken,
ohne sein Herz zu geben.

Who is who?

Man kennt uns hier in dieser Stadt,
wo jeder einen Namen hat,
den Namen und die Klatsch-Geschicht';
denn Unbekannte mag man nicht.

So kommt's, wo jeder jeden kennt,
ist jeder jedem prominent.
Nur ich tu' mich damit so schwer,
immer zu wissen, wer ist wer.

Verweht

Insel vom Schnee verweht
in kalter Winterzeit
macht dem, der's recht versteht,
das Herze weit.

Dort, wo die Liebe zählt
weht ein besond'rer Hauch;
alles, was unbeseelt,
bleibt Schall und Rauch.

Es ist der Atemzug
von einer höh'ren Macht;
der will die Menschen klug
mit Herz-Bedacht.

Dies war das letzte Gedicht in diesem Buch!

Kiek mol weller in!

Inhaltsverzeichnis

Danksagung

Ohne Unterstützung und Beratung wäre das vorliegende Buch nicht in dieser Qualität und Aufmachung zustande gekommen.

Deshalb bedanke ich mich insbesondere

bei meinem Bruder Gerd
für die drucktechnische Beratung, das Korrektur-Lesen und für seine Gestaltungsvorschläge,

bei meiner Frau Helga und bei meiner Tochter Angela
für die Bewertung der Texte und der Aufmachung aus Leser-Sicht,

bei Annekatrin und Johannes Detlef, bei Bernd Ochsen sowie bei Renate und Klaus Grundmann
für die Beratung in Bezug auf das Verlags- und Vertriebswesen

sowie bei allen, die mir, wenn auch unbewusst, Inspirationen gaben zu vielen der Gedichte.

Über den Autor und das Werk
(oder: Wie ich zum Gedichte-Schreiben kam.)

Ich wurde am 7. Juli 1950 in Bottrop geboren, bin dann aber bereits 1953 zusammen mit meinen Eltern und meinem Bruder nach Leck in Nordfriesland (damals noch Kreis Südtondern) umgesiedelt.

Dort aufgewachsen, lernte ich meine Frau Helga kennen, und in Leck haben wir dann auch geheiratet.

Meine schulischen Interessen und auch meine berufliche Ausrichtung lagen immer mehr im mathematischen, technischen oder physikalischen Bereich, so dass ich schließlich bei der Bundeswehr das Studium zum Elektroingenieur abschloss.

Nun wird sich mancher fragen, wie sich so eine technisch-naturwissenschaftliche Ausrichtung mit der Poesie verträgt.

Ich weiß es selbst nicht so genau; aber wenn ich mich recht besinne, habe ich schon seit jeher kleine Reime geschrieben, vielleicht als Ausgleich zu der eher trockenen Materie in Schule und Beruf.

Zudem war ich seit meiner Kindheit wohl schon immer ein „kleiner Träumer".

So entstanden im Laufe der Jahrzehnte zahlreiche Gedichte, immer angeregt durch einen Auslöser, einen Eindruck, eine Emotion. Ein festes Schema dafür gibt es nicht. Immer wieder war da etwas, das mich inspirierte. Vielleicht ist es am besten zu beschreiben mit den Wortreihen:

Berührt – bewegt – beeindruckt oder
Bemerkt – bedacht – beschrieben, auch
Begeistert – beträumt – bereimt.

So oder so ähnlich sind auch die Gedichte in diesem Band entstanden. Und wenn man darin genauer nachliest, wird zu erkennen sein, dass nicht alles darin so bierernst gemeint ist.
Ein gewisses Schmunzeln konnte ich mir fast nie beim Gedichte Schreiben verkneifen, und auch ein kleines Augenzwinkern ist vielfach zu bemerken.
Und wenn ich mich mitunter ein wenig über die Menschen auslasse, so denke ich stets dabei auch an mich – als ein Teil der Menschheit.

Danke für
Ihr Interesse

Ihr Walter Neiß